AF275586

TODAS LAS PERSONAS QUE FUI

TODAS LAS PERSONAS QUE FUI

Agostina Ferroni

Valparaíso
EDICIONES

VALPARAÍSO POESÍA

Diseño de portada, interior y maquetación: Chari Nogales
www.charinogales.com @chari_nogales

Imagen de portada: Chari Nogales
Imagen de la autora en la solapa: Esteban Pereyra

Primera edición: octubre de 2025

© De los poemas: Agostina Ferroni

© Valparaíso Ediciones
C/ Fray Leopoldo, 7 bajo, 18014 Granada
www.valparaisoediciones.es

ISBN: 979-13-87538-95-8
Depósito Legal: GR 1367-2025

Impreso en España - *Printed in Spain*
Gráficas Gami

Para mi mamá,
la única capaz de amarme en cada versión de mí:
las que fui, las que soy y las que seré,
incluso cuando yo misma no puedo hacerlo.

Sigo poniendo mi vida bajo la lupa, dispuesta a
prenderle fuego,
porque no sé escribir de otra manera:

La fragmentación controlada de mí misma
siempre en nombre de la escritura.

LA ESPERANZA DE LOS 26 AÑOS

¿Cuál es el precio que sigo pagando?
¿Cuánto más debo seguir entregando?

Miro hacia atrás y me doy cuenta
de que el color de mis ojos ha cambiado,
mis huesos han crecido,
y por fin,
hay más espacio para mí
dentro de mi propio cuerpo.

Hoy reconozco que siempre
sentí frío en las sombras de tu vida,
pero ahora conozco mi lugar:
está muy alto y muy lejos
de todo lo que alguna vez fuimos.

Estoy ascendiendo,
y la sombra en donde me mantuviste
se desdibuja desde aquí.

Sin embargo,
tengo miedo de arder,
pero el sol no se ocultará
hasta que lo alcance.

Prefiero vivir y morir
bajo mi propio nombre,
aunque no lo entiendas.

LA MÚSICA DE MAMÁ

A mi mamá
siempre le gustó hacer fiestas en casa,
pero la música de su vida
dejó de ser la misma desde que sus hermanas
decidieron no bailar más con ella.

Quién diría que las mujeres
con quienes creciste
serían las primeras en olvidar tu nombre.

Desde que soy pequeña
veo los intentos de mi mamá
por cuidar el jardín de nuestra casa.
Ahora que soy mayor,
comprendo que sus flores amarillas
nunca crecieron porque
el hombre que ella amó durante treinta años
le tapó la tierra fértil con cemento.

Mi papá no supo
llegar a casa con flores,
el espacio entre sus manos
estaba lleno de mentiras.

Mi mamá escuchó historias
sobre la infancia de su esposo,

sobre viajes a Mar del Plata,
sobre madres ajenas siendo maestras en el campo,
mientras ella solo permanecía en silencio,
guardando los cuentos de su infancia
en la pobreza del pasado.

Existieron personas cercanas
que sepultaron tus ojos verdes
bajo las suelas de los zapatos
que el abuelo arreglaba en su taller.

Te entiendo a la distancia,
veo tus heridas desde el otro lado del mar.
Y, aún así,
todavía puedo escuchar la música
que encendés a todo volumen
esperando que llegue alguien
a bailar con vos.

Y yo bailo, aunque no puedas verme.

NUNCA SERÉ LA MUJER QUE QUERÉS

Nunca seré la mujer que querés.

Usé stilettos,
aprendí inglés,
compré vestidos,
comí hasta hacer estallar a mi cuerpo,
abandoné la casa de mis padres,
me fui de la ciudad que amaba
y escondí mi sensibilidad
durante todos estos años.

Fui capaz de romperme entera
para que te sea más fácil
moldearme a tu manera.

Desde que te conozco
me faltan mis propios pedazos.

Ocho años después,
te paras bajo el umbral de la puerta
con los brazos cruzados,
solo para decirme
que te faltan razones para seguir aquí.

¿Quién te dijo que yo sí las tengo?
Si cada vez que doy un paso más

en la escalera de tus expectativas,
apareces para destruir mi proceso.

Nunca seré la mujer que querés;
por eso,
sos libre de buscar a alguien
que no tenga mi grandeza
para que quepa por las puertas rotas de tu vida.

Por esas mismas puertas
que aún no me atrevo a cerrar.

TU ANIMAL ES UN LOBO

"Tu animal es un lobo".

Quise reír tan fuerte hasta llorar.
Giré sobre mí misma
para observar a mi manada.
Estaba sola.

¿Dónde están los ojos
que me vieron crecer?
¿Dónde quedaron las manos
que me criaron?

No sé cuánto tiempo más
sobreviviré de esta manera:
afilando las puntas de mis dedos
para arrancar mi propia piel
en vez de atacar.

Mi vida dependía de mis huellas,
así que tuve que borrarlas
¿Por qué volvería a los aullidos
de los que ya me liberé?

Nunca fui responsable de las palabras
que esperaban que salieran de mí.

Y aun así,
aún puedo escuchar el gruñido
detrás de la pregunta:
"¿Por qué no volvés?"

Por lo mismo por lo que me fui:

Un lobo sediento
prefiere morir de sed
antes que saciar su espíritu
con agua dulce pero estancada.

Porque para llenar su vacío,
necesita no solo beber,
sino devorar lo infinito.

Solo algo tan inmenso como el océano
puede contener su aullido.

LA VIDA CON PAPÁ

Pasaré una noche en un hotel que no conozco.
Antes de irme a dormir,
me siento frente a la puerta
que me separa de la vida real:

esa vida en la que estás con mamá,
esa vida en la que tenía que poner siete platos en la mesa,
esa vida en la que mis perros ladraban en el patio,
esa vida en la que los chocolates
desaparecían de la heladera,
esa vida en la que sonaba la máquina de café
cada medianoche,
esa vida en la que todos los domingos
teníamos que almorzar juntos por orden tuya.

Hoy entregaría estos últimos tres años
con tal de pasar cualquier día a tu lado.

Este hotel tiene vista al mar,
pero solo quiero que sean tus ojos
los que lo miren desde aquí.
Los míos están clavados en la puerta,
como si eso hiciera que aparezcas por ahí,
como si las escaleras o el ascensor
pudieran traer tus abrazos hacia mí.

"Estoy orgulloso de vos, hija"
lo repetís, lo escucho, lo siento, lo lloro.
Yo no lo estoy de mí,
quisiera decirte, pero lo callo.

Perdón, Papá.
Esta noche, solo quiero cruzar la puerta
y encontrarte en esa vida que dejé atrás.

487 CAFÉS

Sé que llegaste y lo viste en mí
"No trates de esconder sus restos"
me dijiste.
Y traté de explicarte,
con la misma dulzura de tus caricias,
que mi tristeza le pertenece,
pero mi risa ya no.

Y no lo supiste entender,
porque tu miedo fue más fuerte que mis palabras,
y mis pedazos rotos,
lo más sincero que pude darte
cuando me conociste.

Te creíste vencido antes de intentarlo.

Y yo te dejé hacerlo,
porque sé que nadie confía en una flor
que intenta crecer en tierra seca.

AJUSTE DE CUENTAS

Para el ex jefe menos memorable con quien
tuve la mala suerte de trabajar.

Siento el sabor amargo de mi vómito
cuando recuerdo tu manera de hablar.

Sujetabas con fuerza las notas del día,
lo único a lo que tu identidad puede aferrarse.
Llenabas de aire tus pulmones,
creyéndote poderoso,
mientras dabas órdenes
a las únicas personas capaces de escucharte
solo porque les están pagando por ello.

Crees que lo que haces es relevante para alguien,
pero no te culpo,
sé que no lo podes ver de otra manera,
porque a lo más alto que llegaste
fue al último escalón que conduce a tu oficina.

Sabes mucho de vinos, comida
y trucos para engañar a tu esposa
con tu compañera de trabajo (Ema),
pero si te hablo de sinceridad
vas a sentir vergüenza.

En tu pequeño mundo,
en donde solo tienen lugar quienes
nunca hicieron nada por ellos mismos,
existen esas reglas que inventaste
para matar lentamente a aquellos como yo.

Y tranquilo,
no voy a llamarte ladrón
por haberte quedado con mi dinero.
Sé que lo necesitas más que yo.

Así como también asumo
que ni siquiera tenés tiempo de arrepentirte
porque estás muy ocupado
siguiendo las órdenes de tu jefe,
las mismas que escucharás
hasta el dia de tu muerte
porque vivís solo para cumplir
horarios que no elegís.

Mañana me olvidaré de todo esto,
y en unos años, serás solo la parte
más miserable de la historia de mi vida.

Voy a seguir escribiendo,
mientras vos te pones tu uniforme,
y no te demores porque ya llegas tarde.

TARDE, COMO SIEMPRE

Estoy cayendo otra vez.

Llegué tarde,
faltaban solo unos minutos
para hacer estallar la bomba atómica.

Tu mirada sombría sobre mí,
el plato vacío,
la mesa para dos en donde solo estabas vos.
Todo en esa escena me advertía
que las agujas del reloj
me atravesarían
con la misma crudeza que tus palabras.

Y así fue:
volví a casa sola,
con la mirada empañada,
nuestra historia a cuestas,
dos pasajes de avión imaginarios
y la incertidumbre de ya no saber quién sos.

Estamos cayendo,
otra vez.

TODAVÍA TENEMOS TIEMPO

Todavía tenemos tiempo para amarnos.

Mis propias palabras volvieron a mí
demostrándome que estaba equivocada.
Riéndose en mi cara, porque la fe que te tenía
fue la misma que me llevó directo a escribir estas palabras.

Todavía tenemos tiempo para amarnos,
lo dije.
Y lo hice sabiendo que nuestros
últimos días juntos agonizaban
frente a mí sin poder rescatarlos.

Serás el amor de mi vida,
o serás mi homicida.
Todavía no comprendo cómo pude seguir respirando
cuando el tiempo que teníamos reservado
murió y te arrastró con él.

Te esperé en el mismo lugar en donde
tus ojos me vieron por última vez.
Guardé tus cosas al lado de las mías,
hasta que yo también tuve que armar las valijas,
y cargar con tu peso y con el mío.
Fue tanto que terminó aplastando
a mi cuerpo, dejándome de rodillas.

¿Todavía tenemos tiempo para amarnos?
Me preguntaba una y otra vez
porque la fe ya no era la misma.
Esas palabras dejaron de sonar como promesas
y el tiempo se convirtió en una trampa,
apenas pude escapar.

Hoy asumo que
toda mi vida no alcanzará
el tiempo para olvidarte.

EL PRIMER POEMA QUE LE GUSTÓ A ÉL

Exequiel:

Sé que algún día todo terminará.

Discutiré con mis ganas rotas
de encontrarte en otra boca.
Caminaré tomada de otra mano
extrañando tus dedos.
Dejaré caerme, en pedazos,
sobre los brazos de tu ausencia.

Sonreiré a los cuerpos en la calle
fingiendo que es el tuyo el que me espera.
Dormiré en tu cama
para no olvidar tu olor,
imaginando que descansas en mis poemas.

Pero, amor,
algún día llegará alguien más
a cerrar el hueco que dejarás en mi pecho.
Quizás, hasta entonces,
ya no te recuerde,
o tal vez regreses
y me mires
y me ames.

Pero aún no te has ido
y tu silencio ya me duele.

Perdón, mi amor,
pero olvidarte
también es salvarme.

TU FIRMA EN MIS HUESOS

¿Cómo puedo decir todo esto
sin destruir la vida que intento rearmar?

Ya son muchas noches
despertando perdida
en el color de tus ojos.
Los que dejé de ver hace tiempo,
pero que, de alguna manera,
permanecen abiertos
dentro de mi piel.

No puedo olvidar el día
en que me encontraste en el piso
y me enseñaste la belleza
en cada uno de mis errores.
Me acariciaste dejando
tu firma en mis huesos.

Nos prometimos volver a vernos
antes de que te subieras a ese avión,
el mismo que nunca te traería de vuelta,
pero en ese momento no lo sabíamos.

A mis 24 años, era ciega y optimista.

¿Sigue esa promesa viva
o también está enterrada junto a mi cuerpo
en tu jardín?

Pasaron los años,
ambos crecimos
y la esperanza envejeció.
Ahora escribo libros que nunca leerás
mientras escondo tu nombre en ellos.

Esto es todo lo que me queda:
miseria, palabras y recuerdos.
Solo te pido que no me quites el cielo,
es lo único a lo que puedo aferrarme.
Cada vez que lo miro, vuelvo a disfrutar,
aunque sea por un momento,
tu mirada otra vez.

Tus ojos no me abandonan,
aunque hace tiempo que te fuiste.

EN ESTO ME CONVERTISTE

Lo peor de las discusiones
es el silencio que viene después.

Empecé a romper todo lo que veía
para no hacerte daño.
Decías *no importa*
una, dos y tres veces,
minimizando mis razones
y negando, una vez más, tu culpa.

Te lo grité en la cara:
No mereces ni mi amor ni mi lealtad.
Seguías neutro,
seguías mirándome desde arriba
creyéndote superior
solo por saber mantener la calma.

Entre todas las cosas rotas
buscaba una sola de la que poder sujetarme.
Quedé con las manos vacías
en medio del desastre que había causado,
y durmiendo sobre el cuero frío del sillón.
Estaba rendida frente a tu indiferencia y a mis extremos.

Y sé muy bien que esto no es lo que haría
la mujer que querés.

Pero sabes igual de bien
que en esto me convertiste.

MÁS ALLÁ DE TU JUICIO

Todavía sabes cómo atacarme.

Dijiste que mis latidos
siempre estuvieron
en otro lugar,
incluso cuando mi cuerpo
estaba en nuestra cama.

¿Alguna vez me conociste
más allá de tu juicio?

El mar calmo de tus ojos
se preparaba para la tormenta
que destruiría mi vida.
Nunca lo vi venir,
y aún así, todavía tenes
la poca decencia
de llevar mis flores favoritas
a mi funeral.

Estás pidiéndome que
te devuelva esa parte tuya
que aún vive conmigo,
¿Cómo sos capaz?

Todavía sabes cómo atacarme.
A pesar del tiempo,
no olvidaste cómo
atravesar mi cuerpo:

Nunca matándome del todo
Para poder siempre admirar mi agonía.

PERDER CONTRA MÍ MISMA

Verte volver
fue amar mi derrota,
perder contra mí misma
y no aceptarlo.

Quererte
fue la forma más dulce
de suicidarme.

Me cansé de todos los días repetirme:
Hoy estás viva, mañana quizás no.

Escribirte:
Te quiero, mi amor,
estoy lista para recibir tu golpe por la espalda
y convertirlo en el motivo
para poder marcharme antes de que lo hagas vos.

Romperme las manos
intentando alcanzarte
fue la causa de todos mis poemas.

Así que entiéndeme:
¿Cómo puedo alejarme
de quien me destruye y salva
en el mismo intento de abandono?

Voy a mirarte a los ojos y decirte:
Cúrame,
y luego márchate.

Es momento de que mi tristeza lleve mi nombre.

¿QUIÉN SOS CUANDO EL CIRCO TERMINA?

Me apena tu imposibilidad:
No poder ver más allá de tu ego.

Necesitas aplausos,
como si ese ruido
fuese más fuerte que las palabras.

¿Qué harías si el mundo
se quedara sin espejos?
¿Quién sos cuando el circo termina
y se apagan las luces?

No te olvides que fui yo quien
te vio en la oscuridad.
Fui yo quien acarició los rasguños
y comprendió el daño que hay
debajo de tu ropa de chico malo.

Sin embargo,
bajo tus reflectores
Nunca hubo un lugar para mí.

UNA SEGUNDA VEZ, LA MISMA PUERTA

La segunda vez fue diferente:

El suelo estaba más frío,
el silencio, más pesado,
tu departamento, aún más lejos.

La segunda vez fue diferente:
tus últimas palabras fueron de amor,
las dijiste como el mantra de tu vida.
Sin embargo,
sonaron tan afiladas como la primera vez
que decidiste desvanecerte.

Me diste un beso que nunca llegó
porque se perdió en esta distancia.

Lo juro por el tiempo que fue nuestro:
Mis huesos quedaron cosidos
con el toque de tus manos.
Y ahora,
tengo que aprender a vivir
con las caricias de un fantasma
que nunca regresará.

La segunda vez que te perdí fue diferente:
en ese momento comprendí que tu amor

no fue mi hogar.
Fue tan solo una puerta
que se cerró dos veces.

ALGUNA VEZ EXISTÍ EN TU CIUDAD

Estoy sangrando al ver
cómo tenés la vida que quiero.
Me duermo cada lunes
imaginando tus reacciones
si es que una de estas noches
aparezco en tu fiesta.

¿Me reconocerías?
¿Qué efecto sería más fuerte,
el de tus noches o el de mi recuerdo?

Volvería a esa playa artificial
tan falsa como la vida que tenías cuando me fui.
Volvería solo para recuperar
todas las partes de la historia de mi vida
en donde apareces,
solo para romperlas una por una,
y recién, después de ese momento,
podré confesarte cuánto te quise
y cómo me perdiste.

Pero sospecho que lo sabes muy bien,
porque hoy vivís con mi recuerdo
que camina, respira y duerme
en esa ciudad en donde
alguna vez existí para vos.

Tranquilo,
no tiene sentido intentar matarlo
aunque quieras.

Y supongo que decís en voz alta
que no extrañas ni un poco
a esta persona adicta al pasado,
que todavía sigue escribiendo
sobre todo esto,
y precisamente por eso
no podrás olvidarme.

OPTIMISMO DE LOS 18 AÑOS

Te descubro en medio de un espacio vacío,
inhabitado, oscuro y frío.
A veces vas ahí y lo llamas hogar.
No colocaste espejos, te digo.
"Es que no quiero verme sin vos"

No, amor,
No te atreves a verte en soledad.
Eso es lo único que percibo cuando te miro:
soledad.

Entonces estrangulo mis lágrimas
antes de que lleguen a mis ojos
y me llames débil.
Abro tus ventanas,
pinto tus paredes
y espanto a tus tristezas.

Me empeñe tanto en curarte
que olvide la diferencia
entre amarte y amarme.
Acaricié tantos tus heridas
que acabé enamorándome de ellas.

Y ya no pude escapar de ese lugar
sin querer llevarte conmigo.

¿HAY ALGÚN LUGAR PARA MÍ?

No sé qué más inventar
para tratar de convencerme
de que estoy en el lugar
en el que tengo que estar.

Lo que sí sé muy bien
es que quiero volver a esa ciudad
en donde pausé el curso de mi vida.

Ahora, paso mis días
sonriéndole a personas
que no me interesan,
llenando mi pared de mensajes
motivacionales que no me creo,
y siempre al límite de todo:
de decirle a mi jefe que es un imbécil,
de armar las valijas,
de regresar a casa,
de secuestrar a un perro.

Y no hay nada más patético
que esta imagen de mí misma
trabajando en un país que odio.

Hablé tanto de mis sueños
que terminé asfixiándolos,

así como lo hice con las personas
que me conocieron y se fueron.

Ahora soy yo la que quiere irse,
o quiere volver.

Ya ni siquiera sé cómo definir
lo que es un lugar para mí.

LOS PAYASOS USAN ROPA OVERSIZE

Fue necesario terminar la función
para darme cuenta
de que los payasos habían cortado
mi cuerpo por la mitad.

Ellos vieron el vacío en mí
y, cuando tuvieron la oportunidad,
usaron sus mejores disfraces.

Mi obra estaba llena de clones
hechos de plástico, con ropa oversize
y un miedo más grande que el escenario.
Creían ser los únicos heridos,
por eso, fingían tener el derecho
a usar máscaras
y correr en dirección contraria
a mis palabras.

Fueron meses eternos
dirigiendo ese circo tan miserable como patético.

Fueron años creyendo en los milagros:
Incluso los payasos con máscara tienen voz,
sin embargo,
nunca aprendieron a hablar.

UTAH, OJALÁ DESAPAREZCAS
DEL MAPA

Esta noche quise besarte,
pero pensé en mí
y en tu próxima ausencia.
Entonces busqué la manera
menos difícil de decirte adiós:

Cuando no me escuches,
cuando no te mire.
Cuando llene de fuego el espacio vacío
y se incendien hasta tus recuerdos.

Será entonces,
que el olvido me visitará
y ya no seré capaz de pronunciar tu nombre.

Pero ahora,
miro cómo duermes mientras
acaricio tu pelo
y en la oscuridad te confieso:

No existe peor castigo
que una soledad llena de tu presencia.

ERA UN POCO MÁS SABIA
A LOS 20 AÑOS

Recuerdo cuando me decías
que el mundo no es para cobardes.
Y ahora,
se rompen mis dientes con desprecio
cuando me pregunto que haces viviendo en él.

Lo único que puedo darte
son las contradicciones que
me explicaste antes de irte.

Ahora te miro con mis ojos vacíos,
mientras me doy cuenta que antes
necesitaba una sola razón para quedarme.
Hoy me sobran verdades para irme.

Cuando quise tus palabras
me diste tu silencio.
Huiste,
creyendo que los días se detenían
porque te ibas.

Pensaste que voy a estar
en el mismo lugar en donde me dejaste.
Repito:
El mundo no es para cobardes.

No darme respuestas
también es una manera de hablar.
Y quizás, es mi odio quien escribe,
pero también mi paz.

Hoy estoy entera:
me devolvió a la vida
haber olvidado el camino de vuelta.

NO TE QUIERO DE REGRESO

No quiero que regreses
para que me ames.
Quiero que regreses para
que mires de frente
el desastre que provocaste.

Quiero que regreses
para que me veas gritando
tu nombre al cielo
y por fin me creas:

Nunca te mentí.
Fueron las voces en tu cabeza
las que siempre me odiaron.

Ahora soy lo que queda de
una mujer
adicta a tu recuerdo
y sin hogar,
con las ruinas de lo que fui
clavadas en la piel.
Entendí que nunca me elegiste
cuándo decidiste esconderte detrás
de un departamento, firmas y papeles.

Y en mis noches negras te imagino
amoblando ese espacio vacío
en donde dormirán
otras mujeres.
Me reconforta saber que
ninguna será capaz
de llenar de fuego
los lugares más oscuros de tu alma.
Nadie más sabrá cómo sujetar
tu mano y llevarte hacia la luz,
porque nadie más que yo
podrá mostrarte el color adictivo
de algo que siempre brilla.

Tus ojos traicioneros, encantadores,
llenos de tu veneno azul,
quedarán ciegos desde hoy,
y no volverán a abrirse
hasta que me veas de nuevo.
Ahora es mi momento
de reconstruirme
con la memoria de lo que fui
antes de conocerte:

serás la cicatriz que no duele,
serás el suspiro que se olvida,
serás la nostalgia de lo que pudo haber sido.

Serás el espacio vacío
en donde solía estar tu nombre.

DORMIR Y DESECHAR

Nuevo departamento,
nueva persona para dormir y desechar.
Ella estará bien,
en algún momento
todos nos acostumbramos a lo mismo.

No me importa cómo fue la mudanza,
ni quién te ayudó,
solo asumo que te llevaste
todos los poemas que te escribí
cuando me enojé.

Sí, lo asumo
porque todavía no podés abandonar
lo único que te queda
de la persona que te miraba con amor.

Me pregunto si en este nuevo lugar
tenes un cajón de cosas importantes,
me pregunto si el sobre
con mis cartas
sigue ahí dentro.
Me pregunto quién perdió más,
si yo yéndome o vos dejándome ir.

También asumo
que lo más triste de esta historia
no es que la vida haya continuado
aparentemente bien para ambos,
sino que, a pesar del tiempo,
yo siga escribiéndote,
y vos esperando mis poemas.

LA CONTRADICCIÓN
DE LOS 25 AÑOS

Aún no entiendo
cómo hago para besarte
con la misma boca con la que pronuncio
"A veces no te quiero".

Soy contradictoria, como vos.
Sé que me entendés:
con los mismos brazos
con los que me proteges,
también me empujas.

Ya ves,
quizás no somos tan distintos.

MIENTRAS ESTABAS CON ALGUIEN MÁS EN MALIBÚ

A mi versión de 17 años: lo hiciste muy bien.

He vuelto a correr las cortinas
y hoy no me pesaban los párpados.
Vi como oportunidades
todas las horas que corren
y no como maneras
de dejarme morir en la espera.

Entonces pensé,
antes de marcharme,
qué más da seguir aquí,
si solo logro conjugar tu nombre
con mi pasado.
Y ya no puedo recordar
todas tus maneras de hacerme sentir
que nunca fui suficiente.

Dejé de respirarte y de sentirte,
pero a veces,
vuelve la misma tormenta a mis ojos,
esa que llovió cuando te fuiste.

Ya no soy capaz
de buscarte por las noches;

me resigné al hecho de no encontrarte.
Fueron tantas veces que tuve que abrir mi ventana
para dejar ir a tu recuerdo
y suspirar en paz mi desaliento.

Pero ahora,
que me visto de valentía
y ya no sos vos a quien le escribo,
quiero que recuerdes esto:

Hoy elijo mi silencio;
es más honesto que todas tus palabras.

DOS FANTASMAS

Mi cuerpo se retuerce
cuando tus manos aparecen,
otra vez, como dos fantasmas,
jurando encontrarme en cada
rincón de mi vida.

Nunca imagine que el roce
de la sombra de tu caricia
ahora me llevaría al cielo,
para que la caída siguiera siendo mortal.
El suelo se siente igual que la primera vez
que desapareciste.

Ambos congelamos los recuerdos
sin saber que se derretirían sin nuestro permiso
y arderian sobre los años que desperdiciamos.

¿Cómo confesar
que debajo de mis costillas
aún guardo el mapa intacto
de tus manos sobre mi piel?

Todas las partes de mí
que implosionaron cuando te fuiste
aún te reconocen.

Qué absurdo sería decir que también te esperan:

A veces, la cobardía es el único refugio
para esconderse de la muerte.

EL DESEQUILIBRIO DE LOS 27 AÑOS

Estoy esperando recibir un anillo
de la misma persona que todavía
llama excusas a mis sentimientos.

Esperé ocho años para darme cuenta
de qué me estás convirtiendo
en una mujer infeliz.
Fue mi culpa permitirte más de lo que
cualquier chica de mi edad
podría soportar.

Estoy esperando escuchar
el sonido liberador de la puerta,
hoy no me interesa quién se va.

¿Cuánto tiempo más tiene que pasar?
A veces pienso que ambos
seguimos en esta casa
solo para no tener que asumir que
perdimos los mejores años de nuestras vidas
encontrándonos en una cama helada
solo para ver películas.

¿No te das cuenta de que mis ojeras
brillan más que mis ojos?

No puedo sostener un día más
la idea que tenés de mí.
Este peso me desborda,
y lo último que te escucho decir es
"Hay un montón de cosas por hacer."

Y es ahí
cuando me doy cuenta de que vas
a tener éxito en tu vida con o sin mí,
pero tu amor siempre va a ser el mismo:

Vacío, oscuro e infantil.

No acepto más tu amor mediocre.

TUS MANOS LO SABEN

La resistencia frente a tu recuerdo.

Tu abandono marcado con fuego en mis huesos.
Los gritos en la calle que me hacen
sentir menos sola.
La imagen fantasmal de una idiota
que creyó que volverías por ella.

La noche avanza,
y no me permito bajar la guardia
cuando aparece tu risa
como un eco de mi arrepentimiento.

¿Cómo puedo dejar de escucharte?

Dijiste que todo era mi culpa.
Pero si yo fui ese demonio
con doble vida,
entonces fuiste el único
responsable de mi creación.

Apuesto a que tus manos saben
de lo que estoy hablando.

Lograste engañar a todos
poniendo el cielo en tus ojos,

pero sólo yo pude ver
como se incendiaron tus nubes
cuando no cumpliste tu promesa,
y ese será siempre tu castigo:

Nunca lances palabras al aire
para dejarlas estallar contra el suelo,
porque yo las recogeré
y escribiré poemas con ellas
por el resto de tu vida
para recordarte que le fallaste
a la persona que decías amar.

CUANDO EL ALMA RECUERDA, EL CUERPO SE VA DE LA FIESTA

El veneno siempre está
en la boca de los honestos.
Eso es lo que ellos dicen
cuando susurran por debajo de la mesa.

Me invitaron a su fiesta,
fui sabiendo que ese no era mi lugar.
Esa fue la última vez que no respeté mi sentir.
Fui la única que llegó sin máscara.
Ellos lo notaron,
y rápidamente quisieron exiliarme
usando un lenguaje que no comprendía.

Perdón, no hablamos el mismo idioma.

Ellos me persiguieron como cazadores,
perdían sus diamantes de plástico
mientras intentaban atraparme.
Quisieron herirme pero no saben que sus lanzas
nunca llegaran hasta este lugar
desde donde los miro.

Me fui de la fiesta,
nadie estaba esperándome afuera,

nadie es capaz de abarcar esta fuerza
que me empuja,
nadie se atreve a mirarse de frente.
Tienen miedo de hasta ellos mismos.

No seré responsable de las heridas
que no se cierran porque nadie
las nombra.
No seré responsable de la suciedad
qué esconden entre las grietas de sus paredes.
No seré responsable de las apariencias
que inventaron y que no pudieron sostener.
No seré responsable de la versión
que ellos tienen de mí,
la cual hace tiempo dejó de existir.

Me voy en silencio y tranquila,
ellos no merecen mis palabras,
lo único que les deseo es que
ellas puedan devolverles
aunque sea una gota
de la sangre que les falta.

TODAS LAS PERSONAS QUE FUI

Fui la persona que huyó
de la casa de sus padres.
Fui quien abandonó los estudios
que nunca quiso empezar.
Fui la hija que no supo
cómo cumplir con las expectativas
para las que fue criada.
Fui la joven que armó las valijas,
sin saber a dónde ir,
y fui la mujer que nunca se arrepintió
del peso de sus decisiones.

Fui la persona que solía saber cómo amar,
hasta que alguien me mintió que regresaría.
Fui aquella que prometió no perdonar,
mientras los recuerdos sigan sangrando.
Fui el rencor vivo en mi carne,
odiando lugares a los que nunca fui,
deseando estar viva sólo para presenciar
funerales en los cuales sigo queriendo brindar.

Fui la persona que rompió
con todo lo que me enseñaron,
porque nadie nunca escuchó
lo que pedí a gritos aprender.

Fui quien tuvo que elegir
entre su vida o la de su familia,
fui la que sobrevivió.

Fui la niña que escribía cuentos,
y los colocaba dentro de tapas de cartón
unidas con hilos.
Fui la persona valiente que
rompió sus manos hasta convertir
sus sueños en proyectos.
Fui el diamante sin pulir que sigue
intentando aprender a pedir ayuda.

Fui la persona que, después de comprender
cómo funciona el amor,
perdió el miedo.
Fui quien dio el portazo definitivo.
Fui la que se cansó de que no me amaran
como yo lo hacía.
También fui aquella que regresó
a dar otra oportunidad.

Fui la joven a la que abandonaron
en medio del camino
y fui la artista que usó ese dolor para crear.

Fui la chica que odiaba jugar al rol de madre
cuando tenía que cuidar de sus hermanos,

y hoy soy la mujer que solo intenta
convertirse en escritora.

Pensé que todas ellas
estaban enterradas en el jardín marchito
que siempre olvido regar.
Sin embargo,
cada una de ellas revive
una vez al día, para recordarme
que todas las personas que fui,
de alguna manera, siguen existiendo.

Yo sigo siendo todas ellas,
y aún hay más espacio en mi cuerpo
para todas las personas que seré.

ÍNDICE